BARRO DEL PARAÍSO

Alfredo Pérez Alencart

BARRO DEL PARAÍSO

Alfredo Pérez Alencart

BARRO DEL PARAÍSO

Pinturas de Miguel Elías

colección
| CARPE DIEM |

ARS POETICA
boutique de poesía

Barro del Paraíso
Alfredo Pérez Alencart

Colección: CARPE DIEM
Dirección editorial: ILIA GALÁN

© 2019 Alfredo Pérez Alencart
© 2019 ARS POETICA (de la edición)
© 2019 Miguel Elías (de las ilustraciones)

EntreAcacias, S. L.
[Sociedad editora]
 c/Palacio Valdés, 3-5, 1º C
 33002 Oviedo - Asturias (ESPAÑA)
 Tel. (centralita): (+34) 984 300 233
 info@arspoetica.es | pedidos@arspoetica.es

1ª edición: enero, 2019

ISBN: 978-84-17691-33-2
Depósito Legal: AS 00072-2019

Impreso en España
Impreso por Quares

a Jacqueline,
dulce y leal compañera
en nuestro humilde paraíso.

Para ella estos textos escritos
buscando celebrar un Amor
en marcha.

Todavía un poco, y no me veréis;
y de nuevo un poco, y me veréis.

JESÚS DE GALILEA

Barro del Paraíso con espíritu del Gólgota soy,
y perdono lo que me hacen y perdono
lo que me harán.

A. P. A.

INSCRIPCIÓN

No merman las edades cuando del Amado galileo se trata: la Creación se mantiene en pie y un creyente puede pasar todas las esclusas en un vértigo maravilloso o, también, desde el sosiego de quien ha sabido desterrar los juramentos inútiles o apartarse de las alharacas barnizadas de falsa humildad y de las consignas que en vano desparraman un fervor vuelto granizo.

No merma la Palabra esencial cuando te ensillas a ella y la escrutas de principio a fin y la entrañas, para después devolverle, cual ofrendas, unas notas pergeñadas que pueden leerse con voz de antaño y de hoy, textos nutrientes para exhaustos y perseguidos por no ocultar su fe, versos a modo de faros que hacen memoria del Verbo ciertísimamente vivo tras la crucifixión.

No merma la Poesía que se abona con las raíces de un largo camino donde no han escaseado misterios y prodigios. Aquí me tienen, en un apeadero de esa senda que se vuelve Palabra en mi corazón de hombre. Y aquí les dejo estos treintaitrés frutos escritos en 2010, resultado de un gozoso adentramiento en el delta del Misterio, aquel que siempre nos ofrece un punto de resistencia y al que se debe volver para encontrar lo íntimo que se acopla a la Esperanza.

A. P. A.
Enero y en Tejares (2019)

BARRO DEL PARAÍSO

Proclama del heraldo

PROCLAMA DEL HERALDO

Vívase memorando el Amor que envuelve al cielo,
sus arcos de luz, lejos, cerca
de la Voz que empieza a pertenecer
arreando al rebaño perdido por campos de lápidas,
por secadales de lucha lenta donde braman
los vientos cual minotauros que se quedaron a solas.
Sépase que el Tiempo se ha escapado de su celda
y anda quemando o lloviendo días luminosos,
pudriendo frutas en cualquier rincón del mundo,
hundido en los pastizales del hombre Altísimo,
mordiéndole su cayado en la argamasa celeste.
Ándese con cuidado por la arena de esta planicie
de colores violentos y seres de besos muertos
o memoria borrosa cavando pozos profundos
donde quieren enterrar el cuerpo del que Es.
Tómese el agua que no enferma hasta lo terrible,
el agua que la gente dice que llueve dentro,
cual lágrima Pescadora que se pone de este lado
para restar injusticias latigueando a los malévolos.
Quítese importancia a la emboscada del confuso,
al aliento hostil que alguien amasa anocheciendo,
coqueteando con las moscas de su propio pudridero.
Cántese por la tierra buena, por el nuevo retoño
que le salió a la vida para que responda a la muerte
y, también, por el Huésped que saluda y saluda.
Ultímese los preparativos para estar delante Suyo,
satisfechos por aprender de Todo con el alma yacente
aclarando secretos que serán inagotables
porque rasgan el contorno de las cosas iluminadas.

OFRENDA DE LIBACIÓN

Donde fluye Tu sangre empieza la humanidad
del barro sediento del hombre, su mirada desdoblándose
para que aparezca la chispa donde viéranse
tus manos ubicuas junto al grano de mostaza cuyo grosor
aumenta por la raíz amarrada a Tu destino.
Tomo mi lugar en esta comunión proliferada
gracias a la voluntad de los que no se han dormido.
Libo el vino de las anticipaciones para que las bajezas
no me vuelvan loco rasgando la piel de la serpiente.
Libo el vino de Tu sangre para desentumecer los maderos
del desierto interior que logra erosionar pirámides.
Mi copa tiene el tamaño de un cráter que vive en mí
como la carne que es palabra de la última vendimia.
Cuantos la miran cantan himnos de otros tiempos,
veneraciones para ofrendar a tu poderosa realidad.
Libo la emanación de Tu sangre que me incorpora
a la asamblea de hermanos con un trozo de cielo
en el corazón y en la garganta que mide la cercanía
de tu ausencia por los lindes del transparente Paraíso.
Mi copa guarda rastros del agua convertida en vino,
del vino convertido en sangre y de la sangre convertida
en manantial que riega Palabras para cantar sin oquedad.
Donde fluye Tu sangre crece mi apego a una herencia
que no se interesa por el tintinear de las monedas.
El domingo libo en tu casa de muchas moradas,
pues solo nutriéndome así saco otra vida de ventaja.

LOS QUE DESPIERTAN TEMBLANDO

Todo se corrompe como una pesadilla.
También la sincopada arrogancia de los siervos caídos,
sobresaltados de súbito por una feroz tormenta
que desploma sus festejos y los desahucia
y los rodea de inquietud
y los atenaza como despojos sin destino
ni lámparas iluminándoles el camino.
Caen hachazos que no cortan carne sino almas
y nacen vergüenzas en las caras, costillas
descamisadas o cielos sucios que no se quedan quietos.
Y más todavía. Pierden la propiedad de sus palacios
porque el Amor no les pertenecía.
Otros se enteran de su huida
y comprueban que estuvieron sembrados para el viento,
como sonámbulos bien vestidos cantando lejos del corazón,
creyendo que nadie miraría dentro de sus imposturas.
Vuelta al silencio de las moradas solas,
vaciando la mesa de las ofrendas falsas.
El tiempo está llegando con sus candiles
para dejar brillando el establo de la noche otra vez,
otra vez clamando y cayendo
ante hombres que simularon leer palabras grandes
pensando que no habría más desiertos.
Pero no es la pesadilla lo que les enmieda:
es que no trabajaron como hormigas
por enseñar trapos nuevos; es que no oyeron llegar
al mendigo de sandalias polvorientas.
Así, durante largo tiempo golpearán la puerta
que ellos mismos cerraron.

Angel de
Schowman

ÁNGEL DE SOBREVIVENCIA

Alguien de uñas frías pretende arañar mi paz
y esconderla en un ventisquero de contiendas.
Pero yo no vendo mi corazón para otros vuelos
ni látigo alguno me hace decir sí cuando me niego.
El prodigio está en la condensación de las señales
que logran mostrar al tierno ángel que me escolta,
vestido de león para repeler a los perseguidores.
Oh, ángel que has marcado mi puerta, ¡anúdame
a tu cáñamo, llévame más allá de las tormentas
y pon a hervir la zarza que sanará mis heridas!
Hubo una trompeta sonando en la firma del pacto
donde se nos preserva de derrotas que niegan la salida.
De cierto yo tengo una partícula del polvo de Adán
y de aquella caravana de errantes por el desierto.
Oh, guardián que ves mi historia en tu trozo de cielo,
¿por qué me atas a la vida si busco una viva muerte
metido en la caja torácica de las siete señales?
Me dejas sobrevivir para enlazar los mandamientos
y hacer realidad el tabernáculo de las apariciones.
Me conviertes en huésped mordedor del tiempo
que comprende su triunfo con grande escalofrío.
Me hablas desde tu esperanza de prolongado viaje
porque no escasean las palabras del condenado.
Oh, ángel aparecido el primer día de los siglos,
¡envuélveme en pañales bajo la mirada de testigos
y acelera el milagro que solo es para los fecundados!
¡Acerca tu oído, divina criatura, pues quiero hacerte
algunas preguntas antes que desaparezcas!

chun pre l
Crorp no predi

CLAVOS QUE EL CUERPO NO PERDIÓ

Ningún mal, ninguna víctima asumo en el cuaderno
donde suelen anotarse los hechos de sordos y ciegos.
Pero se acumulan miserias en el corazón de las fieras,
haciendo difícil que por dentro nidifiquen amor.
Yo me hago rehén para ver adónde van los ladrones.
Yo dono mis extremidades para que claven sus odios.
Yo siento el frío y el ardor de mi sangre sobre al arca.
Yo alumbro la noche para apreciar el fin del desvarío.
¿Es esta la soledad infinita que precipita las visiones?
Apuesto por la fiesta del alma, por la cruz radiante
y por el ave que se desliza como las plumas del ángel.
El cielo está llameando relámpagos salidos de Dios,
nubes que avanzan reflejando el futuro y el pasado,
hierros que escriben en el aire la náusea del flagelo.
He aquí un hombre clavado en la frontera del cielo.
He aquí un hombre que forzará nuevos amaneceres
dejando caer de su boca un simple grano de mostaza.
He aquí un hombre sin nada, pletórico de riquezas.
He aquí un hombre que no habita en panteón alguno.
He aquí un hombre que no provoca estampidas
ni entumece la lengua desvergonzada de los ingratos
que invaden su camino portando becerros de oro.
¿Acaso no conocen el abecedario de la resurrección?
¡No estén de luto por quien descree de la muerte!
Apuesto por poderosas realidades, por parábolas
que permiten callejear más allá de lo imposible.
Apuesto por esta reordenación de la ternura, aunque
estén forjando clavos para atravesarme el alma.

HE AQUÍ UN CENTAURO AMARILLO

Cercado por la traición
es imposible mirar al Cordero bajando de la cruz,
mostrando en cada mano sus cumplidas promesas
y el cuello degollado de enmudecidas estatuas.
El jinete de la perduración monta caballo de muerte
que mastica ojos y lengua del tentador verdugo
cuya máscara le hace andar boca abajo, enajenado
en la visión de luto donde todos resultan su presa.
Me invitan a ver, y veo un centauro amarillo cruzando
la hoguera de albergues infieles y falsos tribunales
torcedores del mensaje por dar primacía a lo perverso,
por el maleficio de hacer caer, por un crimen alrededor
de esa inocencia que todavía sostiene al mundo.
Este centauro no pasta tranquilo porque olfatea peligros
en las amuralladas ciudades deshabitadas de amor.
«¿No ves —me dice— cómo esta gente sedienta de peleas
va incubando mayores exterminios? ¿Acaso no los ves
confundiendo el porvenir con su miserable pasado?
No saldrán indemnes de la espada del rey poderoso
porque el jinete mortal hará que expíen su soberbia».
Tal vez este centauro amarillo circunvaló el sol
y de allí su fuego para rozar la médula del infierno.
Otra mancha de excesos observó desde arriba,
pues el oxígeno ya no está mezclado de perdón.
Y como la ley no se deroga, a cada cual su latido
o su corte más hondo el día de la noche electrizada.
Habrá muchas estrellas negras y más de siete señales
cuando el Invocado ponga sus pies sobre nuestros
corazones.

EN EL LUGAR DE LOS HECHOS

Siento en mí el almíbar de la derrota que corrompe
la dicha por el costado abierto del destino. Estoy
clamando a Dios como un Job que roza la blasfemia,
herido por dentelladas que me dejan destrozado
hasta meterme en el horno expiatorio como un lucifer
incriminado. Lo mío no es echar candela por la boca
sino abrir las manos en cruz, suplicantemente
puestas en la lengua fulminante que restaura
mi desgreñada identidad, ensalivándola de verdad,
habituándola a repetir el viaje sin el corazón
paralizado por la flagelación de los relámpagos.
Pero la piel cancerada asaetea la osamenta
de mi sobresalto y transporta su tormento al aposento
coruscante del espíritu. Pasado y futuro se reencarnan
para darme las claves ocultas que eternizan
el instante de todo hombre quebrado de dolor.
Estoy lamentando el abandono de Dios
ante mi aflicción, recostado en las ruinas del cuerpo
y en las empalizadas que levantan sobre sí mismos
los taimados festejantes.
Reivindico poder hablarle desde mi lecho de hospital,
herido por hocicadas sulfurosas, conmovido animal
que soy cuando lo siento en honda lejanía,
cerrando sus ojos como en los sueños, cual sombra
inmensa ante mi daño.
Oh Dios, ¡que ya no corneen mis horas!, ¡que ya
no me hacheen desde todos los flancos!,
¡que ya no me chasqueen los dientes!
Mando la desgracia monte abajo y ocupo el lugar
señalado, blandiendo la espada que parte en siete
al jinete de la maldad.

TESTAMENTO TERCERO

Envisionado por fragancias de nardo puro
y por imperiosos mandatos del espíritu, esto les dejo.
Conmigo hizo obra el Maestro pero a vosotros asediarán
legiones cuyos tambores solo anunciarán descalabros.
No busquen detrás del lugar memorado: nada hallarán
por aquel hervidero inmenso de tinieblas y escalofríos.
Les alcanzo mi espíritu sobrenaturalmente habitado,
mis alas indemnes tras el salto atroz por abismos
y hojas donde pude calcar el apremiante rescate
que el día de la culpa me alejó del diente de la bestia.
Esto les dejo. Es otra vez el desbrozo del camino
para que no tengan mortajas ni cojeen ante señuelos.
En estas vislumbres no hay hinchados amotinamientos
sino actos de fe en lo que el hombre nunca podrá perder,
marcas ardientes catapultando vagidos del comienzo.
No espumas, verbos tiemblan aquí sin que pase el tiempo
por la costilla que rubricó el contrato de población.
Esto les dejo. Vuelta al origen para atisbar lo original
en medio del barro por donde se transpiran agonías
cuando atisben la extraña luz de las estrellas negras.
El paraíso tomará sosegada posición en vosotros
si saben cómo esquivar al talón que enseña la muerte.

Sansón encaguado

SANSÓN ENCEGUECIDO

Es otra vez lo mismo, la caída
ante curvatura esplendorosa que acecha por tierras
del destierro, pálpito pleno de los siglos sobre el hombre
desatado, abierto a falsas caricias engullendo
sus sentidos, parpadeándole detrás de ámbares de fábula.
Tras la borrasca queda un osario de amargas quejas
allanando el caos donde se enreda la angustia
y el sangriento color de horribles heridas
o manchas de cal que van carcomiéndolo todo.
Luego cansa ser un paria juzgado por su falta de juicio.
Cansa moverse alrededor de la vista apagada.
Cansa oír pisadas extrañas
que hierven la sangre del primer juramento.
Cansa esperar a que se regeneren los traidores.
Entonces vienen las plegarias: «¡Oh largo murmullo
del cielo, Dios que tantas cosas habías advertido!
¡Oh luz que abandonas por el revés del llanto,
haz que esta voz rogante se torne corpulenta marejada
y detenga la sonrisa de quienes no guardan paz contigo!».
Pero encima de las columnas el mundo no es de un solo día
ni Dios gira al tamaño de los gritos, derritiendo
calabozos del hombre que está en perpetuo desorden
y con sus pupilas dragadas por torvos deseos.
La calidad de prisionero solo se transfigura si se cuelga
el ademán vacío de las propias avideces
y a la intemperie se espera que el milagro suceda.

AL PRINCIPIO NO FUE ASÍ

Hulda reconoce el porvenir en la móvil lengua del cielo
pues nada es sobrenatural si Dios abre el calendario
donde se acopian los exiguos días de la Tierra.
La profeta que antes conoció el libro de la ley
eleva su voz bien tensada en un patio oscuro de Jerusalén,
anunciando soles de destierro para quien vaya con ídolos.
Entonces habla una anciana del valle de Cedrón,
preguntándole cuándo acabará la relegación de la mujer.
Hulda pareciera convertirse en nube para llamarle a Él.
Hulda deja caer lágrimas porque sabe que no es capricho.
Hulda cuenta siglos en la punta del pedido.
Hulda expone su boca al tatuaje de la Palabra que vendrá.
«He aquí respuesta de Jehová: Una nueva relación habrá
por la fresca visión del Mesías que llegará para decir
'Al principio no fue así'; y serán iguales hombres y mujeres
que lo sigan, y aquel que se quite escamas de los ojos
reconocerá una apóstol en Éfeso y una diaconisa en Cencrea.
En otra época y más allá de pueblos conocidos,
nacerán varonas que restaurarán la igualdad del Paraíso».
Hulda vuelve del cuerpo de luz de los cuatro horizontes.
Hulda tiembla a la sombra del destino.
Hulda, mediadora con lo más Amado, ora en silencio
por el cumplimiento de la profecía horizontal.

PIEDRAS

Hoy también muestra tu repudio a los falsarios
que no ofrecen consuelo bajo el fervor de su prisa
ni dejan de lado esos amuletos que les avasallan.
Por ello apilan juicios y prejuicios buscando tirar piedras
o cal viva sobre quienes están en palpitante mansedumbre,
en cautiverio del error o esperando el nuevo amanecer.
¿Con qué rescoldo de justicia recibes tú a quien te sale
al encuentro? ¿Implacable serás aunque tengas adheridas
las mismas imputaciones? ¿Acaso sentenciarás sin perdón?
Como aquel que dibujaba en la arena, saldrás en defensa
de la mujer culpable o del hombre moldeado de inocencia
que no oculta su realeza ante los sospechosos principales.
Que no se emperece tu corazón, cobardemente embridado
a la máscara del oprobio y a la lumbre que delata al otro.
Que tu conciencia enderece la torpeza de condenar
siempre a la mujer, de hacerla culpable de tus fallos.
Que en tus dominios no se cultiven hierbas venenosas
para conspirar cada día como en un parecido infierno.
Que tu yo lave su inmundicia y la abandone en el cajón
de las cenizas que no volverán a repetir sus pasos.
Esconde las manos entre los pecados que llevas en tu bolso
y que, cuando salgan, porten piedras no para tropiezo
sino para completar la casa levantada con inmenso amor.
Así justo habitarás la tierra, puliendo el ángulo de la piedra.

¿Ubi paululi oyna?

UBI POSUISTIS EUM?

Sepulcros hay en cada sitio donde da vuelta el reloj
y el dolor se abre más allá, en promesa que muerde
lutos y temblores, centinela de señales que surgirán
desde la túnica ensangrentada.
El cuerpo vive a diario, pues memorable es su muerte
y toda piedra de entrada acoge su sombra latente;
y todo corazón tiene noticia de la herida del hombre
que, de nuevo, aparece ungido con aromáticos aceites.
En lugares distantes saben que falta el cuerpo.
La primicia se prolonga en tiempo y esperanza.
¡Guíame tú, emisario que vas ganando la carrera!
¡Ni los rayos osan detenerte hoy que has despertado!
¡Los violentos, los injustos, los murmuradores
dejan libre tu camino mientras recorres la tierra!
Traigo acopio de ese cuerpo que va con todos,
con su lluvia secreta y la bondad tutelando sueños:
es feliz el soplo que ayuda a encender la existencia;
no se equivoca la música que desciende del cielo.
Reconocí al dueño del amor cuando tocó mi puerta,
pidiéndome posada con jubilosa mansedumbre.
Su cuerpo está conmigo, preparando nuevas marchas.
Cuantioso es su sosiego e indemne sigue su mensaje.
Ya nadie podrá seccionarme el contentamiento.

CUAL PÁJARO APRESADO

¡Apresado estás, impedido de nuevas visitaciones
hacia otros vergeles de gestantes encantamientos!
¡Te someten, pero no pierdes tus primarios reflejos
y vuelas en los sueños al mantener vivos los deseos
que la necesidad impulsa con verosímil solicitud!
¿Qué canto o instantáneo gorjeo rige en el recinto
oscuro donde siguen pidiéndote requerida viveza?
¿Qué latir, qué respirar, qué suave aletazo recibes
mientras escancias las temperaturas de tu presidio?
En medio de tu pecho una flor va ensanchándose
como una promesa del campo repleta de amapolas,
encendiendo la atmósfera de tibiezas y caprichos,
de vigilias continuas para vislumbrar lo que devora.
¿El porvenir te ha vendado la cabeza o ha utilizado
contra ti su infatigable ventosa? ¿Acaso ha sabido
resucitarte como a Lázaro, a la luz de relámpagos?
Porque deslumbrantes son tus giros y resistencias,
aumenta la sensación de sostenidos despojamientos
en pos del aroma de los campos recién labrados,
del rumoroso amanecer en la intemperie más fértil.
¿Cómo romperás el aro que impide abrir la puerta?

Tobias habla a los Profetas

LARGA VIDA A LOS PROFETAS

Señor, cada palabra tuya es una alianza
con la humildad que extingue la hambruna del alma
y hace germinar semillas que quedaron secas.
Pero para decir verdades
hablaste a tus bienaventurados profetas
que claman, bajo un alboroto sin migajas,
contra los que explotan a pobres y menesterosos.
Así muestran el hambre que estorba la feliz bonanza
de los embotados por manjares de avaricia,
babeando sus afanes sobre el ataúd de la misericordia.
Soy pobre y sé que dura es la noche del hombre
con hambre que poco espera de otra mañana,
hundido en la lluvia, ronco de frío, con los ojos
cerrados en medio del charco que moja sus sueños
para que nazcan muertos por el drama de todos los días.
Claman Amós y los demás, pero los poderosos
se marchan de la plaza sin ofrecer pan alguno
a las bocas con hambre, a los llenos de espíritu.
¡Báñalos, Señor, con el inmundo purín de los cerdos,
y repúdialos para que no te hallen ni en el fondo del mar!
¡Pon hambruna en el estómago de los insaciables
y permite que la poderosa voz de tus profetas
tenga larga vida por los siglos de los siglos!

Balada de la mujer
(otra)

BALADA DE LA MUJER ESTÉRIL

He aquí mi vientre virgen, mi infecunda heredad
bostezando inapelable su patética condición.
Ningún movimiento dentro, ningún vagido fuera.
Soy como una estatua de sal que solo incuba
un puñado de sombras. ¿No era acaso el Amor
el oxígeno para que brote vida de nuestro lado?
¡Que Dios se apiade de mi útero, y que no se enfríe
la miel caliente que lo recorre sin dejar ofrendas
de la dicha! ¡Que algún ángel sople en mi cuerpo!
Nadie atiende. Nadie acude a la llamada de socorro.
He aquí mi fracturado paraíso, mi mortal melancolía
buscando romper los sellos que clausuran mi deseo.
Heme aquí como quien ha extraviado la esperanza
mientras las lágrimas ruedan por su lecho de arena.
Estoy desplegando las plegarias de la obediencia
para que la simiente del esposo sea un relámpago
o una dulce hoguera procreando bajo mis vestidos.
¿Debo no gritar el dolor inmenso que me hiere?
¿Cómo dejar hecho pedazos tan cruel maleficio?
Todo lo que a otras le sobra a mí me hace falta
en este vientre que es como una lámpara apagada.
¡Llueva y quítese la sal de los surcos de mi jardín!
¡Complétame, ángel de las nocturnas travesías,
pues lo único que imploro es poder amamantar
a la criatura que tú hagas salir de mis entrañas!

anche del futuro

ANCLA DEL FUTURO

Lo sagrado suele estar anclado al mañana del hombre
y no es leyenda la profecía que enumera visiones
de todas las edades del mundo. Por ella surgió el polvo
de la revelación con el cual se cuajaron los milagros.
Entonces, cuando las nubes ardan en el techo de los cielos,
con su ancla el Gran Rey estrujará a quienes manchen
sus mandamientos con deposiciones de pájaros locos.
Proeza será anunciar semejanzas con los ojos abiertos,
sin lepra que haga desmoronar el horizonte del corazón.
No pasarán siglos traduciendo la vuelta del Huésped.
Él presenciará vuestros nacimientos, cercado por lobos
en la piedra del destino, Dios mismo viendo el inicio
del error que ya no acampará dentro del barro ni expulsará
a quien corte espigas de trigo y haga pan para los necesitados.
Un austero paraíso habrá para los ricos en misericordia,
lejos del mal aliento de avariciosos endemoniados.
Y otra vez brotarán palabras para burilar el alma con ternura,
corriendo veloces por la carne, resistiendo a morir bajo estrellas
que están más allá de la sombra intacta de los pasos.
Serán palabras para el diario fulgor, como anclas
fundidas con sangre de vida.
Una criatura seguirá soplando
su incesante linaje, hermanando a los que no estuvieron
cuando se abrió el velo y cayeron los cielos y se filtró
la aparición para volver a un presente donde la existencia
no resulte eternidad de un solo día.

PARÁBOLA DE LO TERRIBLE

Recuerda cómo rebalsa lo que hace daño,
cayendo grave por la cornisa que blinda tus oídos,
indecisos en el truculento reinado del áspid
y de los oficiantes que dicen zurcir las venas rotas.
La felicidad no es una cicatriz ni se regala endiabladamente
a quien enseña su voz podrida
manteniendo en alto la mezquindad del otro infierno,
más acá del mar Rojo profiriendo rugidos,
más allá del mar Mediterráneo casi tan contaminado
como el hombre que eres o pareces venir del mar Atlántico,
multiplicando invasiones para romper huesos
con actuales circunstancias que no convencen a nadie.
Pleno es el desasosiego de quien expolia la ternura.
Recuérdalo, porque en tus horas vacías
comenzarás con lamentos, destejiendo insomnios
en el rincón secreto del búmeran que golpee
por enésima vez tu cuello, duro como el corazón
donde escasean los latidos.
Y, asediado de navajas, inútiles serán tus esfuerzos
por amanecer recogiendo el rocío de las rosas
al final de cualquier primavera,
lugar de amor demorándose en el querer de toda edad.
Trastorna lo perverso, desmantela
el curso de tu historia personal con máscaras teñidas
por la inconsecuencia, igual ritmo emperezando
de engaños el firmamento minúsculo sin compasión
ni sombras del arenal inmenso de los despropósitos.
Todos tus días serán caliginosos
y enfurecidos sonarán como alas de langosta por los aires.

El padre del prodijo
Sepúlveda
2015

EL PADRE DEL PRÓDIGO

La avaricia quedó hecha ruina, ladrada por los perros,
como un río de espumas bajando a las cloacas.
En casa ya no había Padre, expulsado de su morada
por el hijo que se quedó con los bienes comunes
y los dilapidó hasta no poseer nada, como el hermano
al que forzó a ir a otra parte para buscarse la vida,
abusando de su pródigo corazón.
El que hace voto de riqueza vende hasta el alma
del Padre, urgido por el negreante fulgor
de la acumulación perecible.
El pródigo que atravesó el desierto, volvió a la casa
donde malvivía el hermano que estaba sin perdón,
porque nada quiso repartir con él ni con su Padre.
Entonces lo abrazó con ternura y le dio
lo que había ganado, diciéndole: «Para qué el dinero
si aquí palmeo los aires y no escucho la voz del Padre.
Toma lo que conseguí trabajando en suelo extranjero
y atraviesa mejor el arrebato de tus días restantes».
Así volvió a demostrar que su prodigalidad consistía
de desprenderse de aquello que otros codiciaban.
Quemó la bolsa que traía y, purificado,
volvió al camino que antaño no le resultó adverso.
Miserable solo es aquel que tiene al oro por meta
y no se duele por la falta del Padre
en casa de su hermano.

BÚSQUEDA DEL LUGAR

Búscale vuelo a tu vida, aléjala de los buitres del entierro
y ponla a despertar como si volviera a comenzar el mundo
con ese trote vitalicio que ronda por la fuente legendaria
como abriéndole compuertas a tu corazón.
Y que Dios cuide del tropiezo tus propios movimientos,
dándote pulso de claridad junto al amor reconocible,
tinaja al rojo vivo ganando la partida a la molienda
final de los que van a la deriva.
Búscale el revés a la voracidad que empreña los días actuales,
negocio inútil de dientes fríos viajando hacia la tormenta,
caldera sin ninguna migaja o precio del rescate o promesa
que despliegue sus telones.
Y que Dios se deslice por las nervaduras de tu escalofrío
para que no haya deserción ni inútiles batallas sin señal
o reverbero de la topografía del alma, soplo que sostiene
el mandamiento de la sobrevivencia.
Búscale tierra prometida a tus pies indefensos atravesando
el laberinto de los símbolos indescifrables, absueltos ya
de la mordedura del verdugo envuelto en abalorios
que ahora zozobra en torno tuyo.
Y que Dios avive las lámparas para que admires el fruto
sin que se te caiga de las manos y siga girando
adentro del silencio, dorado y azul cuando fue sembrado
llenando la copa de tu existencia.
Búscale un hilo de sol a tu vida, recoge el mellizo flamear
de la luz del arca y ya no te cubrirás con banderas negras
sobre el suelo de la ciudad donde naciste de nuevo.

ADVERTENCIA A LÁZARO

¡Hazte el muerto, Lázaro!
Óyeme mañana dentro de la gruta de tu sepulcro
y no vuelvas a levantarte en esta segunda vida
repudiada por quienes no dudarán en rematarte
una y otra vez hasta que desaparezca tu resurrección.
Desde mi cruz te digo que el Maestro se ha marchado
para estar a la intemperie junto a los más necesitados.
Su regreso será cuando culmine la limpieza general
de aquellos lugares malolientes donde se le invoca,
no para ayudar al prójimo sino para cerrarle su boca.
No asomes la cara, Lázaro, porque si no te asesinan
denunciarán tu clandestinidad como delito mayor.
Hazte el muerto que trasmuta su vida por la verdad
hasta el día en que quites el disfraz de los verdugos.
Ponte los vendajes para que no te abran nueva herida
o golpeen tu cabeza profiriendo absurdos juramentos.
No confieses ahora tu secreto porque serás vendido
por mezquinos mercaderes pendientes del oro de ley.
Sigue soñando despierto con el ayer del nuevo verbo
y óyeme mañana cuando, desde mi cruz, pida auxilio
para que juntos agradezcamos el precio del rescate.
¡Hazte el muerto, Lázaro!

El defensor

EL DEFENSOR

No en un meteoro volando lejos de mi vista
ni en ceremonias labradas con el cincel de los bostezos:
desde mi edad antigua tuve quien traspasara la noche
para donarme otro fragmento de vida
atestiguando del soplo incesante de la consolación
bajo los párpados,
dentro del cuerpo,
como agrandando los mapas del amor
con su lluvia de humildad y su perfil extranjero
convertido en espirituoso auxilio del restaurado corazón.
Desde el comienzo tuve certeza de quien lavaba mis pies
en una vasija llena de lágrimas, ecos y visiones,
guardián sin relevo de la magna revelación
inventariada por el horizonte impar de mis sentidos.
Cada ser golpeado tiene un bastón para su inocencia,
unas palabras de ámbar
para estar de espaldas contra el muro
y no ser saqueado
ni empujado a caprichos de otros brazos.
Cada cual debe despojarse de disfraces y atavíos
que impiden existir al rojo vivo.
En mi propio recinto tengo al centinela
haciendo resonar trompetas de alarma o celebración,
protegiéndome del puñal de tantas divisiones.
Y lo proyecto no en la fosforescencia sino en el perdón
que algunos prefieren no oír.
Y lo pongo en pie fuera de piedras frías y estatuas de sal.
Alguien se dignó defenderme de los peligros ardientes.
Alguien me traspasa de lado a lado hasta limpiar
el revés de mi alma.

NO ME QUEMARÁN EN SUS HOGUERAS

No me quemarán en sus hogueras, en sus neolíticas
emboscadas para enmascarar oscuros deseos. Cámbiense
de vitrina, señores, cumplan las Tablas de la Ley
sin fe de erratas, sin incienso de sándalo humeando estatuas.
Un par de escobazos se merecen, ser barridos por el propio
cuerpo crucificado que les pregunta si siguen vivos. Yo
pertenezco al Amado: su ejemplo me destetó ya maduro
y sudo en pleno invierno y desde mi pecho dejo ver
la brasa de la resurrección. Ningún silencio en la hora
infinita, ninguna nieve enfriándome el alma.

Voy con mis dos mundos, con mis plurales ofrendas
en manos limpias, dispuesto a morir de amor sin fantasía.
Amor atravesando barrotes, plazas de la ceguera, pueblos
lúcidamente tristes. Amor por la amada, cogiendo
su carne sin ausencias detrás de cada fonda. Lozanía
del idilio imperdible, idéntica sonrisa distraída calcándose
mutuamente en mi perfil, en mi obsesión, en mi pasión
de hombre por su mujer en movimiento, llevándose
su vida hacia otro lado, su verdad de inmensa compasión
reformada en su raíz profunda.

A mí no me quemarán en sus hogueras, señores
patriarcas del albañal, señorones que nunca sintieron
el fogonazo de Dios. Los recuerdo de antes, pavoneándose
amparados por el sobreentendido terror al Senedrín
o al Santo Oficio.

VISITACIÓN DE LOS LEPROSOS

Hay leprosos todavía, con su llaga viva contagiando
sin malicia los siglos que son parte de la vergüenza,
la boca furiosa de los idólatras, sus manos enjoyadas
con las que se colocan máscaras y lentejuelas
hasta acoplarse a la exigua realidad de lo aparente.
No sé la cifra exacta. Paciencia hermano. Van y vienen
por plazas y caminos, dejando trozos infectados
que solo prenderán en la arcilla de ciertos corazones.
El mal lo traga todo, lo come con o sin azúcar,
de mañana, de noche, en palacio o a la intemperie:
el mal lame hasta el esqueleto
y luego lo cubre con un polvo rojizo, enterrándolo
en un pozo inabarcable donde se evapora el alma.
Al ver tanto pésame en el aire,
comprendí que los leprosos ya estaban en el pueblo,
restregando por doquier sus harapos y muñones,
paseando alrededor de los vecinos.
Di un paso adelante y cogí sus manos calientes
y sus cabezas despeinadas. Entonces,
a coro me dijeron: «La vida te seguirá palpitando
porque no nos has visto como de lejos».
Dios bendiga sus muñones.

ESTÁN PASANDO PECES

Están pasando peces de la nueva historia,
mostrando su vida envuelta en un sudario
de indescifrable misterio, ennoblecidos
para emigrar a pueblos que custodian
la tabla donde hallan amparo del diluvio.
Están pasando peces por la red que rescata
para lo que vendrá lejos de la muchedumbre.
Veamos cuál de ellos sepulta las tinieblas
y cuáles otros muerden semillas amargas
que mutarán sus palabras para jurar a ciegas.
El oleaje deja intactas agonías en la arena
y allí acuden para escuchar al maestro
que guarda días de otra edad dentro de sus ojos.
Están pasando peces para arder la realidad
de milenarias monedas vueltas afrenta diaria.
Veamos cómo remontan cruces y espadas
que entrampan su provechosa singladura.
Se colorea el intacto retablo del mañana,
sus granos de inocencia a la intemperie.
Pero están pasando peces de rojas escamas,
curtidos por las renunciaciones del reparto.
Están pasando peces de alta transparencia,
alimentados de intensa luz y de palabras.

DÍA DE REPOSO

He puesto a secar lagrimeadas leyes desacostumbradas al éxodo de hoy.

He limpiado la grasa de palabras que ya no expresaban sentimientos.

He tirado vino fermentado que las gentes bebían frente al espejo de

                                                   [Narciso.

He leído a fondo el Mensaje, mientras otros pasaban página.

He puesto una brújula en cada casa, para que nadie se extravíe.

He recogido algún mendigo entumecido por el frío.

He escondido los cuchillos, para que no reluzcan mañana.

He besado de arriba abajo a la esposa del amor.

He aceptado las llaves que abren la puerta estrecha.

He barrido excrementos del paraíso de plástico del consumismo.

He arado surcos que mañana alimentarán a los míos.

He soñado, en la siesta, que era el copista de los salmos dictados por

                                                   [David.

He cumplido mis horas de guardia entre los necesitados.

He destrabado las mandíbulas para así clamar contra inequidades.

He reído con las gracias de un niño.

He devuelto bien por mal a un ingrato entontecido.

He podido, al atardecer, rodearme de palomas en el parque.

He firmado a favor de que las penas impongan vida y perdón.

He encendido mi linterna para alumbrar el paso de unos ancianos.

He llamado a mis padres para ratificarles ese amor apenas mensurable.

He corregido las pruebas de un libro que enseña a partir.

He cenado viendo la calle y el ir y venir de tantas miserias.

He vuelto a orar con gran temperatura,

                      hasta traer a Dios a mi regazo.

SALMO DEL BIENAVENTURADO

La vida está llena de traiciones
y el cuerpo se quema bajo el carbón azul del raciocinio.
Pero ¿dónde se cobija la vida y dónde los huesos calcinados?
La única brújula es el Amor enhebrado
al misterio de la amistad, a la comunión del sentimiento,
a las despiertas pupilas de un linaje que nos consagra
a buscar certezas en la inolvidable cruz del calvario.
Por ignotas regiones alguien leerá el papiro
donde quedó escrito el salmo de la noche más profética.
Por encandiladas memorias crecerá el alfabeto del legado,
dando latidos benignos al rencor de los conjurados
o nutriendo el corazón de quienes elevan oraciones
abrevadas del milenario funeral que rehace a los hombres.
El mensaje columpia su eternidad sobre el circo
de las fieras, sobre las plañideras en revuelo,
sobre la médula o el barro de la fértil resurrección:
somos finitud picoteando en el cosmos
hasta derramar nuestro alígero peso cerca de Dios;
somos parábolas aparecidas con músicas y lágrimas
en días ungidos para ser tránsito hacia nuevas liturgias.
Pero hay falsas monedas y lenguajes macerados
con vinos maléficos. Hay cómplices de iniquidades
o ángeles que nos suben al galeón de la alegría:
somos sed de tiempo y copla sideral de la desazón
que a media voz va rumoreando las intenciones
de la guadaña. Somos carne frágil en un abismo ciego
donde los evangelios ofrecen luz y esperanza.
El alma habita la pleamar de las entrañas y es tanta la vida
con fecundaciones sudorosas o traiciones somnolientas.

Pero aquí se demora el amor por el Cristo del alma,
aquí sigue derramándose su sangre germinal
y sus hechos que son llaves abriendo las puertas del reino.
Valga su gravitante ofrenda inalterable
y sírvanos también la suma de sus bienaventuranzas.

BARRO DEL PARAÍSO

La sangre no arrepentida busca feudos ajenos,
faros para desertar del cordón umbilical, pira de huesos
quemándose más allá del muro que quedará sellado
con un torrente de lacre la amarilla madrugada
de las invocaciones y glaciales despedidas.
¿Quieres saber de mi desnudez con sabor a entrega?
Tiembla por aquí la suprema fuerza de los ruegos.
Retumba a los lejos la metamorfosis de una tempestad
que desbautiza
para que la espalda cargue sacos con tierra de castigo
o siglos de piedra y lenguajes laberínticos de Babel.
Reúno el barro de mi nacimiento para no enloquecer
ni aderezar el jardín con sortilegios cuya combustión
me destete bajo la atenta pupila de esta hora de justicia.
Fuera de los milagros uno siempre está a oscuras,
ocultando inmundas llagas, chocando con árboles
desgajados, gritando al tramposo espejo de los sueños.
Yo no juego a perder el camino cual hijo pródigo,
pero el soplo del deseo es huracán adherido al barro
que me tocó del paraíso, resucitando tras cada muerte
de mi carne sobre carne compañera, abrogando tiempos,
disponiendo que el sentir no se aparte del asombro.
¿Quién soy con esta sangre caliente que puede vencerme?
¿Quién me habla dentro de las durísimas leyes?
¿Quién será mi sombra si hay otra hirviente travesía?
¿Quién ganará la partida cuando el sol esté al revés?
Sigo con preguntas antiguas para este hoy menos vacío,
absuelto de tantos exilios por el Dios que me es bastante.
Pero ya no he vuelto a probar frutos que amargarían mi boca,
abriendo nuevo calvario en el pecho del Maestro
que conmigo va dondequiera que voy.

Angelschleuser

ÁNGEL DEL ERROR

Este ángel comió su propia voz por renegar de la creación entera.
Así quedó sin reino, entregado a las horas tristes
de pastorear lobos en medio de ciénagas y espumas
que alargaron su desolación por no ser dueño de la muerte.
La locura de su boca lo llevó a empuñar el frío cuchillo del error,
a perder la brújula de las querencias en el fondo de una noche
cuando pregonaba las exequias de Dios con su nombre postizo
y el despecho enfilado sobre sí mismo.
El cielo le llovió flechas durante muchos amaneceres violetas.
Sus sueños pasaron de largo por una playa de sal infinita.
El horizonte fue mostrándole lugares de muerte y abandono
donde exhaustas calaveras mostraban argollas rasgando sus ropas.
Cuando comenzó el error comenzó la noche polar
e inmundas llagas derramaron lava de muchos siglos
sobre el ángel desolado por no haber encontrado la salida,
picoteado por insectos gigantes cual movedizos demonios
yendo y viniendo hasta verlo llorar sus mentiras
por bosques de plantas carnívoras, haciéndose momia
una vez descuajado de la órbita de su sediento cortejo.
Es voraz esta expiación que embalsamó, hasta el juicio último,
al ángel que no conoció más encantamientos,
privado de ceremonias por una empuñadura de fuego,
sombrío al saberse primero de un linaje de ocasos.
Un gigante sopló vidrios que reflejaban lo que había más allá.
Un escualo salido a la intemperie pareció repetir viejas condenas
para quien osó adulterar promesas no carcomidas por el tiempo.
Una alimaña con piel de estalactitas lo empujó al foso de castigo
de donde nunca salieron sus plegarias. Otra eternidad
destiló brebajes perversos para inducirle a nuevos errores,

a vértigos que dispersaron su silabario incomparable.
¿Qué derrumbe convirtió en polvo negro las alas del ángel?
¿Tal vez una dentellada infiel?
Él no recuerda aquel terrible arañazo que rajó su paladar
hasta dejarlo sangrando el exceso de culpas
que nunca terminaron de cicatrizar.
Abajo, sin luz, el ángel no pudo estrujar más sombras
ni ascender a la morada de los misterios.

OJO DE SILENCIO

Cada pedazo de mi carne es un calendario rapidísimo
para no caer en la hoguera
de quienes limpian los cuchillos rituales
mientras esconden rabos y pezuñas.
Soez resulta el bostezo de estas alimañas
junto al brillo de su impía codicia.
Debo estar en guardia para huir de costumbres
que propician la caída.
Debo estar vigilando el portal del Invocado,
preparando antorchas para ver
una parte de su inmenso ojo de silencio
que me encuentra a cada paso.
Ningún rayo o viento antiguo quema mi carne
que silenciosamente clama al infinito, entre luces y tinieblas.
Esta fuerza se pierde otra vez en el principio,
en la oscuridad de lo que se fue más allá del olvido,
de lo que vuelve sin lentejuelas.
Este espíritu me ojea como un satélite preciso
que nunca se estrella en el vacío
ni en las piedras de sacrificio.
Largas noches de silencio convirtiéndose en ganancia
para explorar lo visible y lo invisible,
traspasado por mi propia mudez y la del Dios
donde naufraga mi carne sin piel,
buscando ser rescatada con atavíos inmortales.
Me iza por el cráneo un tornado seminal
y yo respondo con mi fiebre dispuesta a predicciones,
con el viaje varado de mi duermevela,
abrasado y existiendo

bajo una música pintada en el ombligo de la sombra.
Algo anota mi carne indefensa, el nombre del aliado
o verbos que hacen florecer esperanzas.
Alguna miel paladea mi carne mientras el plato va llenándose
en la balsa del cielo donde el ojo se prepara
para descargar agua en la boca de los sedientos.
Yo soy mi doble y devoto acallo bravuras verdaderas.
Él es mi yo y por eso es todo lo que miro.
Firmamos un pacto para bucear por nuestro silencio
y para no hablar en vano.
¿Quién me dirá por qué siguen trotando las imágenes?

LOS ETERNOS BIENES

Rapiña del existir: que nadie explique su indolente vivir
por este cuarto redondo hurtado a mi convencimiento,
inventando un canto que se apaga
en la balanza que más pesa, a deshoras tirando piedras,
con gestos atávicos, sobre la torre brillante
alimentada por el propio imán que otra vez me atrae
con genuinas ofrendas.
Más allá del hueso, un Amigo de verdad astilla realidades
sin caperuza, arrancando del tendedero
las suntuosas flores de oro que eclipsan mi alma,
cuales huellas dactilares de magias irascibles
que vierten su pus en desencuentros
alevosos contra mis fulgurados sueños.
Para retornar a lo sagrado ninguna tristeza o as
de corazones consumando diciembre: solo revelación
entreabierta por la región extrema,
solo confianza transpirando su destino, solo
imaginación trazadora
arraigándose corriente arriba hasta hacerse cierta,
diluvio íntimo que traspasa todas las esclusas.
Trato de decir que no vale verificar relojerías ahuecadas
cuando nuestro paso está por otros sitios,
inalterable ante la arena y el viento que cubre el arca
de la que soy mendigo sin sueños de muerte,
firmante del pacto que agrieta campanas y desobediencias
hasta que se alejen las velludas calamidades.
Ha de hacerse ruina esa vanidad enyesada a la carótida,
insaciable como dos miedos atizando el fuego fatuo
con grandes carteles difíciles de sobrellevar.

Lo que suma no es cantar victorias con monedas:
basta darle un apretón de manos a la esperanza
para que nazca un camino
injertado al espíritu mismo del hombre.
La vida íntima tiene códigos que desovan allá lejos,
donde la justicia no se traspapela.

SOLO SE PROFANA LO SAGRADO

Solo se profana lo sagrado
porque pocos son indiferentes al misterio que leuda sus vidas.
De eso se trata. Del parto moribundo o de fuerzas
eternales planeando por tu imantado horizonte interior.
Eh, Tú, a quien me acerco ahora que se me escurre la carne,
ofrézcote la sortija del alma porque bastante he amado.
De eso se trata, huérfanos en desenfrenada errancia,
del deseo sin espinas o del hospital que no reconforta
en los entresueños del tránsito.
¿Es que acaso mis ancestrales palabras no vienen del rey
que llora? ¿Acaso alguien pudo entablar justo juicio al Amor?
Los hombres se creen poderosos pero están apoyados
en gruesos bastones.
Los perros leprosos lamen sus heridas.
Las mujeres perfumadas mueven sus labios sedientos.
Los tiburones invaden el Ártico y a las playas llegan cometas.
Las flores neblinosas brotan cubiertas de epitafios…
Han desterrado a los profetas
pero yo necesito que una de sus vidas sea luz para la travesía.
Necesito que algún profeta me explique
por qué realmente no todo está perdido.
Quiero una carnadura implorante para este mundo.
Quiero desmemoriarme de ídolos antojadizos.
Quiero atrapar las aspas del huracán.
Quiero pulmonar mi casa sin duelo.
Quiero que mi corazón acopie salmos de victoria.
Eh, Tú, a quien doy el santo y seña, a quien invoco
desde el alba, ¿no eres el que recibe a quienes se alejaron?
Los insensatos reniegan para no decir que sufren vida hueca,

mas yo profano tu palacio, hastiado de morder lo prohibido.
Yo me percato del silencio sagrado cuando las plegarias
no me son devueltas.
Yo, ángel exconvicto, un Dios tengo bajo este mundo exílico.
Mi rostro no muere bajo la luz que dibuja su huella en el desierto.
Mis ojos se hacen ambulantes para ser testigo de las parábolas.
Mi inocencia se acoge a la resurrección del profeta
que hace blanca la piedra negra. Mi llanto camina de espaldas
a las campanas de los templos en ruinas. Mi virtud se embriaga
de prójimos. Mi lejanía no tiene ramas quebradas.
Mi pecho advierte que crezco si paso por la puerta estrecha.
Mis venas riegan con sangre los olivos secos.
Mi fe no dialoga con mármoles.
Mis palabras entran en comunión con notas de tremenda piedad.
Mis manos calentadas de recuerdos auguran
que pronto haré tacto al Espíritu.
Hay que tirar la leche agria de las profanidades,
despojarse de la fiereza que la turba aplaude.
Hay que desertar del bando que sustenta el antifaz infinito.
Hay que ojear la eternidad que ya existió.
Hay que resurgir de la caída.
Hay que sopesar cuánta lumbre falta para afrontar el declive.
Hay que estar atento para oír a los adivinos de Oriente.
En otro zodiaco quedó aquel que estaba sin nadie,
profanando el nombre divino.
Desde las cuevas destrozó la viva muerte.
Dragó su alma y puso amor en el ojal de su solapa.
Yo sé de esta munición que al estallar libera algunos milagros.
Tiembla la tierra en la brújula de la pureza.
Se devana el dolor en el aposento donde lavamos las heridas.
Padre, tócame para que se esfume este martirio

de cruzar el campo de los chillones.
Y amo traspasando distancias, domando la cabeza,
salvándome al abrir los oídos.
Y me hago ministro del misterio. Nada más deseo
que la íntima llamarada flameando dentro de mí
junto al cuerpo que sangra por todos.

LO SECRETO DEL TRUENO

Del misterio más incomunicable bajaron los enigmas
con su esplendor total orquestando la llama de la vida.
Dramático movimiento girando sobre un vacío
que desviste sus chispas sobre la tierra,
repartiendo latidos sobre la osamenta del hombre
cuya memoria es apenas filamento de infinito,
canción de destierros y tentaciones identificables.
Desde ardientes lejanías hay eco de desobediencias,
trinos y nostalgias intactas animando al ser encadenado
a la muerte hueca que nunca deja para siempre.
Contadas están las noches de los truenos poderosos,
la seducción de sus trompetas rotas,
el vozarrón estridente cuyos secretos nos compete descifrar
para que queden domesticados en nuestras
terminaciones nerviosas, en nuestros fatigados cuerpos
luego de cultivar amor a toda hora,
en nuestros sueños que se alejan del hoyo
para aterrizar lejos del estrépito de las manifestaciones violentas.
¿Hasta cuándo seguiremos desvestidos de la fe,
cuerpo a tierra y sin respiración que nazca del equilibrio
de sentencias y adoraciones?
¿Así estaremos varios siglos adelante, quemando
las palabras que dan vigor para resistir las tempestades?
Nuestros ojos de astrónomos descubren raíces en los rayos.
Nuestros oídos de pastores escuchan el lenguaje del trueno,
su pronunciamiento marchando adelante
como una boca que quiere hablar al común de los mortales.

¡Ah con las hogueras puestas por los desalmados opresores!
¡Ah con las llaves perdidas por tantas lenguas castigadas!
¡Ah con el lavado de cerebro para gravitar en la soberbia!
¡Ah con la mala costumbre de no escuchar al desposeído!
¡Ah con el polvo cegador de las celebraciones sin origen!
Desnudémonos para recibir la transmisión del trueno
y para que su rugido no nos cause estropicio.
Así conviviremos con lo que no se ve, con el Dios
enredado a la soledad de los hombres
creados para ser náufragos de sus propios cuerpos.
Sinfonía para el espíritu
voceando el resumen de inescrutables secretos.
Dios despierto siempre joven por aquellas entrañas.
Sonido imantado al laboratorio de la creación
de un cumpleaños inalcanzable.
Lo secreto del trueno entra en nuestro entendimiento
y alumbra la vida de todo el reino
levantado sobre el corazón de las tinieblas.

CAMBIEMOS LA MIRADA

No pueden revelarte la Palabra cerca de ningún lado.
En vano tararear la letra si es de vidrio tu corazón que
anda feliz a solas, insensible ante las criaturas abandonadas.
Corazón hablador de amor pero el Amor cayéndosele
desde la rebanada de pastel que no come ni reparte. Así
no podemos seguir. Es duro ser peregrino, empezar
otro porvenir. Otras sensibilidades, otros sueños.
El bienestar comienza aquí. Cambiemos la mirada para ver
la urgencia del otro. Acoger es otra forma de Amar,
aunque no se ganen todas las batallas.
Algunos quizá no recuerdan. Pensamos el cielo en el hueco
del existir y, cuando nos vemos solos, nunca llegamos allí.
Ayudar en esta tierra, en este tiempo, siguiendo
la estela del Rabí, no con los labios muertos que inventan
sus silencios, con discursos soberbios, ávidos
de un cielo disfrazado con cifras de resultados, bienes y más
bienes aunque despeñen la Inocencia.
La bondad penetra la mañana. Hay que renacer andando
para ser ciudadano del milagro. Hay que cambiar la mirada.
No todo es hermoso, es cierto, pero se debe ayudar
al que llega, al que enferma, al que se marcha, al que sufre.
Arde la voz sin las demostraciones incipientes; arde la alusión
sin el suceso cálido del abrazo, del dar la mano sin apurar
el paso. Dádivas pensando en otros vientres, en seres
con el calor vacante de un hogar, instaurada su sobrevivencia
como oleaje de pruebas evidentes a sus espaldas, a sus
dedos encallecidos que no quieren cavar sus propias fosas.
Cambiemos la mirada sin girar el cuello hacia otra parte.
El calor de la gracia no está para el saqueo, el cuerpo

no está dividido del alma ¿El cuerpo sin peces ni vino?
Que diluvie el alma su vocación de ternura, su viento fiel.
Pobres los ricos ufanos de su mezquindad. Ricos los pobres
en su bien trabada humildad, ayudándonos a ser.

GRATITUDES

No por formalismos, y sí por necesidad espiritual, debo agradecer a quienes han hecho posible la publicación de este librito que estaba reposando en un arcón de mi piso en Tejares, a la orilla del Tornes.

A Ignacio Méndez-Trelles Díaz, por dos motivos: por haber esperado mi manuscrito desde junio de 2017, cuando me envío el primer contrato, hasta enero de 2019, cuando le remití *Barro del Paraíso*. También por editarlo en la tierra de mi abuelo Alfredo Pérez, emigrante asturiano a la Amazonía peruana.

Al poeta y profesor Ilia Galán, Director Editorial, por haberme insistido en pasar a formar parte de esta selecta cosecha de autores.

Al poeta y periodista Jesús Fonseca, tan querido para mí, por su fraternal amistad de más de cuatro lustros y por sus siempre generosas palabras sobre mis ejercicios poéticos.

Al pintor Miguel Elías, profesor de la Universidad de Salamanca. Este amigo-hermano se volcó en crear una imagen para cada texto, además de la pintura de portada y el colofón del libro. Y lo hizo como un rayo, impelido por los afectos y por su perpetuo compromiso de pintar la poesía.

A Jacqueline y a José Alfredo, por darme el amor que necesito.

A. P. A.

Enero y en Tejares (2019)

ÍNDICE

Pelambres y uñas distinguiéndose contra Ti,
arañando con saber confabulante, con
fervor casi sacrificial para restarte
potestad. Tragicómicos afanes
por arrebatarte los harapos,
el puesto de pordiosero
donde, a toda hora,
expones tu salvífica
misión. No hay
revancha. Los
perdonas a
pesar de
la igno-
minia.